海上絲綢之路基本文獻叢書

日本考（下）

〔明〕李言恭　〔明〕郝杰　撰

文物出版社

圖書在版編目（CIP）數據

日本考．下 /（明）李言恭，（明）郝杰撰．-- 北京：文物出版社，2022.6
（海上絲綢之路基本文獻叢書）
ISBN 978-7-5010-7565-2

Ⅰ．①日… Ⅱ．①李… ②郝… Ⅲ．①日本－歷史－史料 Ⅳ．①K313.06

中國版本圖書館 CIP 數據核字（2022）第 068214 號

海上絲綢之路基本文獻叢書

日本考（下）

著　　者：〔明〕李言恭〔明〕郝杰
策　　划：盛世博閱（北京）文化有限責任公司

封面設計：鞏榮彪
責任編輯：劉永海
責任印製：張道奇

出版發行：文物出版社
社　　址：北京市東城區東直門内北小街 2 號樓
郵　　編：100007
網　　址：http://www.wenwu.com
郵　　箱：web@wenwu.com
經　　銷：新華書店
印　　刷：北京旺都印務有限公司
開　　本：787mm×1092mm　1/16
印　　張：8.75
版　　次：2022 年 6 月第 1 版
印　　次：2022 年 6 月第 1 次印刷
書　　號：ISBN 978-7-5010-7565-2
定　　價：90.00 圓

總緒

海上絲綢之路，一般意義上是指從秦漢至鴉片戰爭前中國與世界進行政治、經濟、文化交流的海上通道，主要分爲經由黄海、東海的海路最終抵達日本列島及朝鮮半島的東海航綫和以徐聞、合浦、廣州、泉州爲起點通往東南亞及印度洋地區的南海航綫。

在中國古代文獻中，最早、最詳細記載『海上絲綢之路』航綫的是東漢班固的《漢書·地理志》，詳細記載了西漢黄門譯長率領應募者入海『齎黄金雜繒而往』之事，書中所出現的地理記載與東南亞地區相關，并與實際的地理狀况基本相符。

東漢後，中國進入魏晉南北朝長達三百多年的分裂割據時期，絲路上的交往也走向低谷。這一時期的絲路交往，以法顯的西行最爲著名。法顯作爲從陸路西行到印度，再由海路回國的第一人，根據親身經歷所寫的《佛國記》（又稱《法顯傳》）一書，詳細介紹了古代中亞和印度、巴基斯坦、斯里蘭卡等地的歷史及風土人情，是瞭解和研究海陸絲綢之路的珍貴歷史資料。

隨着隋唐的統一，中國經濟重心的南移，中國與西方交通以海路爲主，海上絲綢之路進入大發展時期。廣州成爲唐朝最大的海外貿易中心，朝廷設立市舶司，專門管理海外貿易。唐代著名的地理學家賈耽（七三〇～八〇五年）的《皇華四達記》記載了從廣州通往阿拉伯地區的海上交通『廣州通夷道』，詳述了從廣州港出發，經越南、馬來半島、蘇門答臘半島至印度、錫蘭，直至波斯灣沿岸各國的航綫及沿途地區的方位、名稱、島礁、山川、民俗等。譯經大師義净西行求法，將沿途見聞寫成著作《大唐西域求法高僧傳》，詳細記載了海上絲綢之路的發展變化，是我們瞭解絲綢之路不可多得的第一手資料。

宋代的造船技術和航海技術顯著提高，指南針廣泛應用於航海，中國商船的遠航能力大大提升。北宋徐兢的《宣和奉使高麗圖經》詳細記述了船舶製造、海洋地理和往來航綫，是研究宋代海外交通史、中朝友好關係史、中朝經濟文化交流史的重要文獻。南宋趙汝適《諸蕃志》記載，南海有五十三個國家和地區與南宋通商貿易，形成了通往日本、高麗、東南亞、印度、波斯、阿拉伯等地的『海上絲綢之路』。宋代爲了加强商貿往來，於北宋神宗元豐三年（一〇八〇年）頒佈了中國歷史上第一部海洋貿易管理條例《廣州市舶條法》，并稱爲宋代貿易管理的制度範本。

元朝在經濟上採用重商主義政策，鼓勵海外貿易，中國與歐洲的聯繫與交往非常頻繁，其中馬可·波羅、伊本·白圖泰等歐洲旅行家來到中國，留下了大量的旅行記，記録元代海上絲綢之路的盛况。元代的汪大淵兩次出海，撰寫出《島夷志略》一書，記録了二百多個國名和地名，其中不少首次見於中國著録，涉及的地理範圍東至菲律賓群島，西至非洲。這些都反映了元朝時中西經濟文化交流的豐富内容。

明、清政府先後多次實施海禁政策，海上絲綢之路的貿易逐漸衰落。但是從明永樂三年至明宣德八年的二十八年裏，鄭和率船隊七下西洋，先後到達的國家多達三十多個，在進行經貿交流的同時，也極大地促進了中外文化的交流，這些都詳見於《西洋蕃國志》《星槎勝覽》《瀛涯勝覽》等典籍中。

關於海上絲綢之路的文獻記述，除上述官員、學者、求法或傳教高僧以及旅行者的著作外，自《漢書》之後，歷代正史大都列有《地理志》《四夷傳》《西域傳》《外國傳》《蠻夷傳》《屬國傳》等篇章，加上唐宋以來衆多的典制類文獻、地方史志文獻，集中反映了歷代王朝對於周邊部族、政權以及西方世界的認識，都是關於海上絲綢之路的原始史料性文獻。

海上絲綢之路概念的形成，經歷了一個演變的過程。十九世紀七十年代德國地理學家費迪南・馮・李希霍芬（Ferdinad Von Richthofen，一八三三～一九〇五），在其《中國：親身旅行和研究成果》第三卷中首次把輸出中國絲綢的東西陸路稱爲『絲綢之路』。有『歐洲漢學泰斗』之稱的法國漢學家沙畹（Édouard Chavannes，一八六五～一九一八），在其一九〇三年著作的《西突厥史料》中提出『絲路有海陸兩道』，蘊涵了海上絲綢之路最初提法。迄今發現最早正式提出『海上絲綢之路』一詞的是日本考古學家三杉隆敏，他在一九六七年出版《中國瓷器之旅：探索海上的絲綢之路》中首次使用『海上絲綢之路』一詞；一九七九年三杉隆敏又出版了《海上絲綢之路》一書，其立意和出發點局限在東西方之間的陶瓷貿易與交流史。

二十世紀八十年代以來，在海外交通史研究中，『海上絲綢之路』一詞逐漸成爲中外學術界廣泛接受的概念。根據姚楠等人研究，饒宗頤先生是華人中最早提出『海上絲綢之路』的人，他的《海道之絲路與昆侖舶》正式提出『海上絲路』的稱謂。選堂先生評價海上絲綢之路是外交、貿易和文化交流作用的通道。此後，大陸學者馮蔚然在一九七八年編寫的《航運史話》中，使用『海上絲綢之路』一詞，這是迄今學界查到的中國大陸最早使用『海上絲綢之路』的人，更多地限於航海活動領域的考察。一九八〇年北京大學陳炎教授提出『海上絲綢之路』研究，并於一九八一年發表《略論海上絲綢之路》一文。他對海上絲綢之路的理解超越以往，且帶有濃厚的愛國主義思想。陳炎教授之後，從事研究海上絲綢之路的學者越來越多，尤其沿海港口城市向聯合國申請海上絲綢之路非物質文化遺産活動，將海上絲綢之路研究推向新高潮。另外，國家把建設『絲綢之路經濟帶』和『二十一世紀海上絲綢之路』作爲對外發展方針，將這一學術課題提升爲國家願景的高度，使海上絲綢之路形成超越學術進入政經層面的熱潮。

與海上絲綢之路學的萬千氣象相對應，海上絲綢之路文獻的整理工作仍顯滯後，遠遠跟不上突飛猛進的研究進展。二〇一八年厦門大學、中山大學等單位聯合發起『海上絲綢之路文獻集成』專案，尚在醞釀當中。我們不揣淺陋，深入調查，廣泛搜集，將有關海上絲綢之路的原始史料文獻和研究文獻，分爲風俗物産、雜史筆記、海防海事、典章檔案等六個類别，彙編成《海上絲綢之路歷史文化叢書》，於二〇二〇年影印出版。此輯面市以來，深受各大圖書館及相關研究者好評。爲讓更多的讀者親近古籍文獻，我們遴選出前編中的菁華，彙編成《海上絲綢之路基本文獻叢書》，以單行本影印出版，以饗讀者，以期爲讀者展現出一幅幅中外經濟文化交流的精美畫卷，爲海上絲綢之路的研究提供歷史借鑒，爲『二十一世紀海上絲綢之路』倡議構想的實踐做好歷史的詮釋和注脚，從而達到『以史爲鑒』『古爲今用』的目的。

凡例

一、本編注重史料的珍稀性，從《海上絲綢之路歷史文化叢書》中遴選出菁華，擬出版百册單行本。

二、本編所選之文獻，其編纂的年代下限至一九四九年。

三、本編排序無嚴格定式，所選之文獻篇幅以二百餘頁爲宜，以便讀者閱讀使用。

四、本編所選文獻，每種前皆注明版本、著者。

五、本編文獻皆爲影印，原始文本掃描之後經過修復處理，仍存原式，少數文獻由於原始底本欠佳，略有模糊之處，不影響閱讀使用。

六、本編原始底本非一時一地之出版物，原書裝幀、開本多有不同，本書彙編之後，統一爲十六開右翻本。

目録

日本考（下）

日本考（下）

卷四至卷五

〔明〕李言恭　〔明〕郝杰　撰

民國二十六年上海商務印書館影印明萬曆刻本

日本考卷之四

總督京營戎政少保兼太子太保臨淮侯李言恭
協理京營戎政都察院右都御史兼兵部右侍郎郝杰　考梓

譯音

切音正舌歌

俗曰鄉音處處別　古聖先賢難校切
挨哀界盖總依稀　耶陽養也通彷彿
鉄天登敵語非殊　地席帝齊音似鴉
路而落賴懶蹉跎　他拖陀篤多無隔

革各客骨開口音　嗐滅眉迷休露舌

奴外乃那助語辭　多和打里言難撒

活法拔尨宜啓唇　擺排白敗齒微合

氣吉結計總難分　所索達荅休辨出

搓邀要耀不差池　淡談旦帶無可釋

脉蠻埋賣沒清渾　粘牙帶齒何清白

若然認字徑呼音　十有五分他未識

對荅要句與徐徐　自然音正無差迭

以下用本國草書

天文

天 同音又所賴 天帝　　日 和虛

月 紫氣　　星 伏西不志

風 革熟　　雲 沽木

雷 華容乃里　　雨 挨迷 あめ

霧 氣立　　露 紫油

霜 温麻　　雪 攸計

霞 下吉　　電 一乃子脉 又天飛

虹 蜺 尭息　　氷 過屋里

天晴節路　てる　天陰路枯木　くもる

雨下挨迷付會　あめふる　雪下攸計付會　ゆきふる

風起華熱拂古　かぜふく　風息華熱勿那　かぜやむ

風正回天那華熱　おいてのかぜ　風歪外里華熱　よこかぜ

風好搖格華熱　よかかぜ　猛風和華熱　あらかぜ

雷响華容乃路　かみなり　雪消攸路攸計氣　ゆきぎえ

雨濕挨迷奴里打　あめぬれた　雲散枯木路氣　くもきゆる

雲起枯木達子　くもおこる　露乾紫油氣也打　つゆひた

日出虛路一字那　ひいづる　日入非路骨那那　ひのいる

月出 宇路紫氣一　　月入 一打紫氣

日蝕 逆叔舌　　月蝕 舌完叔

天變 溫吉打　　天開 搖格天氣

時令

春 發而　　夏 乃子

秋 阿氣　　冬 伏由

年 獨世　　月 完之

日 逆之　　時 禿計

新年 西獨世挨獸落　　元宵 默之

三月三 設孫逆之孫 [illegible] 端午 少蒲 しやうぶ

七月半 設孫 [illegible] 中秋 阿金那設子 あきのせつ

重陽 哭之逆 [illegible] 冬至 伏由那設子 ふゆのせつ

除夜 獨世那摇 [illegible]

寒温

冷 三昧 さむい 温 奴貴 ぬくい

凉 四字失亏 [illegible] 暖 阿酔 [illegible]

熱 貨眉骨 [illegible] 凍 空湿吉打 [illegible]

曉夜

早阿日旦　あさあ　一　晚搖索　よるさ

日午虛路　ひる　曉阿索　あさ

夜搖落　よる　明挨吉打　あけあ

暗皿古里打　くらかりあ　一更搖一　よい

二更搖一那四达　よなかき　三更隔搖乃　よなかす

四更搖乃隔四达　よるなかき　五更紫氣挨界　あいけさ

月分

正月少完之　志やうぐわつ　二月二完之　にくわつ

三月三完之　さんくわつ　四月細完之　四くわつ

日本考　卷之四　四

五月 我完之 五くわち

六月 六工完之 六くわち

七月 西之完之 七くわち

八月 法之完之 八くわち

九月 姑完之 九くわち

十月 壽完之 十くわち

十一月 寿一之完之 十一くわち

十二月 失外阿四 十二くわち

閏月 那補紫氣 のくわちく

日數

初一日 初一日之 ついたち

初二日 勿子華 ふつか

初三日 密華之 みつか

初四日 效世華 よつか

初五日 意子華 いつか

初六日 木一華 むいか

初七日乃奴華子奴加　初八日要華也了与

初九日箇箇那華〻我る　初十日華彰多和毛了る

一十日壽一之逆之壽乙与　十二日壽義逆之壽〻二白

十三日壽三逆之之壽ノ三　十四日壽效之壽〻四白

十五日壽我逆之壽〻晉　十六日壽六工逆之壽〻音

十七日壽西逆之之壽〻七日　十八日壽法逆之壽〻八日

十九日壽姑之逆壽〻九日　二十日法之華以十壽日

二十一日義壽一之逆之以壽白　二十二日義壽義逆之以壽二日

二十三日義壽三逆之以壽三日　二十四日華義壽效以壽十日

二十五日 義壽我 逆之 にしご日　二十六日 義壽六 工逆 にし六日

二十七日 義壽西 逆之 にし七日　二十八日 義壽法 之逆之 にし八日

二十九日 義壽姑 逆之 にし九日　三十日 三壽逆 之 さん十日

今明

今年 箇獨世 ことし　明年 苗年 めうねん

去年 箇所 こそ　後年 索和多 獨世 こうねん

前年 和多獨 世 おととし　今日 箇逆之 きやう

明日 阿失旦 芍 あした　後日 挨索之 的 あさて

大後日 世挨 索的 しあさつて　昨日 吉那 きの

前日号賀多多かたたかへ

五行

木氣 き　火熏 ひ

土紫 つち　金華 か

水溶 みつ

十干

甲氣那也 きのゑ　乙氣那多 きのと

丙熏那也 ひのゑ　丁熏那多 ひのと

戊紫真那也 つちのゑ　己紫真那多 つちのと

庚華那也　かのゑ　辛華那多　かのと

壬也密辭那　みつのゑ　癸多密辭那　みつのと

十二支

子孳　ね　丑胡失　うし

寅禿郎　とら　卯狐　う

辰眷子　たつ　巳米　み

午烏馬　うま　未血子石　ひつし

申沙魯　さる　酉獨立　とり

戌義奴　いぬ　亥一　い

六十甲子

甲子 氣那也孽　乙丑 氣那多那胡失

丙寅 熏那也秃郎　丁卯 熏那多那狼

戊辰 紫真那也荅子　己巳 紫真那多那米

庚午 華那也烏馬　辛未 華那多血子石

壬申 容辞那也沙魯　癸酉 容辞那多獨立

甲戌 氣那也意奴　乙亥 氣那多那一

餘倣前例

地里

地 濟　江 密乃多

湖 伏陀革一紫　河 伏宿革一紫

海 鳥密　水 密辞

浪 乃密　潮 湿和

長潮 密和至湿　退潮 非湿和

浦 密乃多　塘 密從革活

岸 河界　坭 紫七

土 紫七　田 塔

園 同音　沙 私乃

山陽脉　やま　石依不　いし

溪陽脉容辞　やまかわ　澗容辞　かわ

嶺容徹　みね　谷攤坭　たに

墺陽脉磋頭　やまさと　凸大華陽脉又大華容　たかやま

凹虚巴陽脉又枯米白　くぼやま　峯陽脉鳥野那　やまのみね

山頂陽脉那又華失頼山　やまのゝゝ　塢失脉　しま

洞陽脉那阿乃　あなの　塡窟髗馬

火炭

火非　ひ　炭下吉四容　すみ

日本考　卷之四　八

灰 法号 あつ　燒火 非打古 ひたく

點火 非子古路 ひいくる　火起 下古路 おこる

火滅 氣飲而 きえる　烘火 非安步路 ひにある

種火 非屋自木 ひうつむ　生炭 四容何谷捨 いけすみ

吹火 非拂古　火筒 非拂古火吉又非拂其

火筋 非白失　火盆 非白之

火熄 非白哥　烟 潔木里

宮室

皇宮 世世以殿 たいり　衙門 容平陀 [illegible]

倉科寮谷頼 [illegible]　庫骨頼 [illegible]

舖盤衙 [illegible]　店天牙 [illegible]

庵同音 [illegible]　院梭那又火運 [illegible]の

寺鉄落 てら　觀同音 [illegible]

廟寮也 [illegible]　塔大酒 [illegible]

屋依葉 [illegible]　房伏宿依葉 [illegible]

廊那吉 [illegible]　廳甲古廳 [illegible]

堂陶 [illegible]　樓逆盖 [illegible]

閣三盖 [illegible]　柱依葉法失頼 [illegible]

抽 奴計 ぬき　　楣 草昧 かまち

梁 法里 はり　　椽 攤路氣 たるき

梗 南挨氣 ねえき　　瓦 即扳 華外落 かわら

壁 看別 かべ　　門 揩陀 かど

窓 三陌 まど　　楷 失一 机 しきい

門拴 秃紫 需 とざし　　楼樑 客吉 法西 かけはし

欄 鳥馬耶 うまや　　廚房 和骨里 又客馬耶 おどころ

卧房 搖東 昨 よどこ　　東廝 麻乃骨 又扇召 まのこす

舎 一屋里 いおり　　屋漏 依葉磨 魯 いえもり

簷水那氣那他賣容辭　のきのみづ　陽溝那氣那容所

城市

城失六又召　しろ　市一之　いち

墻交嘴石又寸樹　かきいしかき　橋法西　はし

街陌之　まち　路容之　みち

巷過入又過兄入　こうぢ　井伊華外　ゐど

灶華脉　かまど　天井依華那埋葉又遊外又白白

渡歪帶石浮尼　わたしふね　關設稽又雪稽　せき

埠次　林法耀失　はやし

日本考　卷之四　十

國部

國 酷尼　　道 同音　　府 縣無

州 首　　郡 國

鄉 索多　　村 木賴

里 一之里　　鄰 禿乃里

方向

東 熏加失　　西 義西

南 迷南米　　北 吉打

左 熏大里　　右 明哥

中乃隅　子の　前埋葉　まへ

後五口失六　うしろ

人物

人計多　ひと　物木那　もの

男子何多匕又何柰公姑　おとこ　婦人何南娥又倭家剆　おなこ丶

老年人獨世和里　としより　少年人華盖首　わかもの

中年人華盖許多　子ミ毛　小兒歪頼鼻弁　わらべ

初生兒挨客戫　あかく　主人陽脉那許多　あるの丶人

客人價古首　すやくお　經紀理乃隅依子丶入

中人乃隅許多子ふも　財主錢尼莫之也わ也ち

財妻和賣又斗島賣おまい　富貴人白煞處ふけしぶ也

艱難人白流吉又胡奈故人門厰人のるぶ人　聰明人立空許多乃里くえ人

愚人同多乃許ぶ又人　至誠人莫打許多まずく人

快活人括計許多里以法人　無禮人擶許多乃めふ子人

作怪人虱子木那乃ぶけるね　奸詐人揩失眉許多眉ぶるめ皇人

善人搖華許多と加人　惡人外路許多里るい人

極好人一盖逆目搖華許多　極不好人一盖逆目外路許多

生得好搖眉華眉めめまとろ　生得醜眉眉外類おめりふく

君臣

皇帝華于　皇后外吉索姬

太子太伊世　公主娥前

附馬木哥　宮娥國袍

儀從人大世又多奴白落世　文官國傑

武官部西　文正官公那葉

文左官公白姑　文右官鄺三那印

武正官部傑　武左官伏跳華外

武右官法沓紀陽脉　已上三公似中國三閣　武三公似公侯伯

官 鳥耶奇 おやけ　老爹 多奴 ゑぬ

大將軍 耶華答 たいりけ　州官 谷國西 くにし

郡官 地都 ちつう　地方官 描師 めしし

官妻 公前 くぜん　地方官妻 奶奶 のの

官舍人 渾曹息 いさうし　小姐 谷多擬 人ゑ

吏從

吏 和宿排首 いりう　書手 和設挨記 かきて

頭目 太紹 かしら　皂隸 州健 たうせ

門子 課木那 小物　軍卒 和多目首 かうもの

軍民

軍 圍 [illegible]

民 採民 [illegible]

百姓 下姑 [illegible]

粮長 看頭和多乃那 [illegible]

里長 對 [illegible]

老人 乃和多 おとな

總甲 三席 [illegible]

小甲 三席子華 [illegible]

教流

教書人 織奴袍 [illegible]切

師父 織奴袍 [illegible]

徒弟 弟息 [illegible]

和尚 袍士 [illegible]

道士 法戸里 [illegible]

妮姑 鼻谷尼 ひくに

醫生法古手又哭四手　陰陽化里又挨里由吉

相士挨里許多又挨里莫師　星士法蓋首

課命士三和吉

工藝

木匠盤紹又大古上　銀匠失類楷尼才古白作

鐵匠革齊　錫匠四字才古作

銅匠挨蓋楷尼才古作　漆匠奴利木那才古作

石匠依石才古作　裁縫乞木那子法殺

表背匠梟毀才古又靴毀才古作　帽匠蒲西和里

綿花匠 木綿歪 香子又骨里

皮匠 革活子 骨里

板匠 革外落 子骨里

盔甲匠 梧索骨 古

柩桶匠 巻骨半又 和皮依烈

筏匠 大吉 杖古

稍公 勿乃各 打舟

雇工人 下徒的子 高許多

尾匠 革外落 子骨里

流賊

僕人 挈俄 什

小廝 秃木

丫環 何南娥 挈娥

漁人 勿捺 倒

戲子 索弄 挨

吹手 勿葉 拂杌

皷手 大哥烏止 多いこ打　說書人 賣一買子 ふふいろ

忘八 低使 ろいむ　娼妓 紹樂 以ろつ

乞丐 空食雖 こ志乃　強盜 搖烏止六宿頭 古おぬ米己

竊盜 六宿頭人 ぬあ人　海寇 設机道 世乃

篤癈

獨眼人 各荅眉 加つめ　瞎子 眉骨頼 めくり

聾子 眉眉吉華士 み考お　啞子 伊伊石 つあ

𨇿子 各世非吉 ろら考乜　疤子 各世和里 らお瓦

矮子 血古許多 らもら人　長子 大結荅里 た以外あく

缺子各世力　ろらか　瘸子伊伊里　つ志虽

秃子法竭　はけ　麻子莫茄索子落　ぢ子浮

臘梨西翁革世頼　志おろう　歪嘴骨止挨木搖　ヒ子め虬

癩子胥翁子子　さつ　癩瘋子拂古搖失　ふるの

罷人罷乃木那又秃攤人　もう

親屬

太公朽翁之　ぢおち　太婆朽吾白　ぢら虬

公翁之　おち　婆吾白　らた

父貼貼　ろ　母法法　はし

伯 和治計 あちき

叔 谷和治計 小おぢき

兄 阿尼 あに

弟 何多多 おとゝ

姑 烏白計 をおき

姐 阿業 あね

子 莫宿哥 むすこ

孫 蠻俄 まご

玄孫 子而那蠻俄 やしやまご

姆 吾白計 このおき

嬸 谷吾白計 このおぢ

嫂 阿尼揺密 あによめ

弟婦 何多揺密 おとよめ

姨 白計 おき

妹 一木多 いもと

女 莫宿眠 むすめ

曾孫 朽蠻俄 ひまご

姪 何義 おい

外太公翁治召おおち也外太婆吾白召うおは上

外公法華谷那翁治はなくらなおち　外婆法法華谷那吾白ははくえなおは

大舅牛婆阿尼めきまご孫　小舅牛婆何多多ゐうゐおうむ

大姪牛婆阿尼摇窑めきまはゐめ　小姪牛婆何多摇窑めきぶろめ

丈人守多志ゝも　丈母守多妙志ここめ

女婿木哥む子　外甥何益おつ

外甥女一多哥つ王く　丈夫禿那俄毛めく

媒人乃隔達之子如多ツ　媳婦摇窑俄よめこ

妻旬何責おさつ　親眷新雷志るい

舊親戚 和也哥 おやこ　朋友 得蒙達知 ともたち

稱答

你 黃俺 こなた　我 和里 われ

他 挨里 あれ　這箇人 許多那箇 こなた人

那箇人 阿那許多 あの人　誰人 答里華 たれ

身體

頭 阿吞麻 又 客戌賴 かしら　髮 華迷褐 かみのけ

額 血打衣 ひたい　面 盖河 おもて

眉 賣 まゆ　眼 覓 め

眼毛覔碣　めくけ　眼珠麻箇乃　まなこ乙

瞳神仙人　ひとみ　眼眵華覔挨　めやに

眼淚南大明　なみだ　耳眉眉　みゝ

頰容貨賺　かほ　顴便扒作　ほうさき

腮葉婆公　ゑらふ　鼻發乃　はなり

口骨止　くち　唇皮骨止　くちびる

齒法　は　舌失打　した

鼻涕發索大里　はなたれ　涎子辭　よだれ

噴嚏發奈虛吉　はなひる　鬚虛碣　ひけ

髭鬚和虛蝎　三了鬚谷虛蝎

鬂同音　地闊河東呆

喉那陀　項各皮

頸四直　肩各打

身密　肚發賴

腹血所那息打　臍血所

心箇箇路　脊木臬

乳即又至　腸活打

肝氣膜　膽高乃

肺 福古 ふくし　手 鉄 て

手指 旅皮又衣皮 いゆひ　指甲 卒迷 つめ

臂骨 大革的 たゝき　脇 挟白賴 撲業 わきはら

背 吾失六 せなか　腰 谷西 こし

腿 同音 もゝ　谷道 西里又狸急 しりけつ

玉莖 麻落又風屋里 まらし　玉戶 才皮 ほと 玉音亦可

腎囊 血那筋 きのこ　腎子 他貴 きんたま

膝 血業又非擧 ひざ　足 挨身 あし

骨 忽業 ほね　血 七又志 ち

日本考　卷之四　十六

拳 迎其打　　掌 鉄打使

小便 銀白里　　大便 法哥

天癸 勿饒月髓又　　孕 發頼木

汗 阿設

衣服

衣服 乞木那　　紗帽 客木巾礼加

圓領 客立勤　　角帯 子那和皮

玉帯 他賣那和皮　　靴 骨子

皂靴 弗華果子　　線帯 和皮

鞋 法吉木那 はきもの　女鞋 公俄十吉利 又 きぬもて

帽 紫巾蒲西 又 ほ西　布衫 華単皮頼 かたびら

氅衣 骨聳地 こそで　襪 単皮 たび

夾襖 阿外石糯ヒ個 あわせのゝく　綿襖 糯ヒ箇 の、こ

裙 買昆盧 はつほろ　女裙 加幅 もゝ也ふ

褌 法蓋手麻 ふそ海　風領 華単勤 ゑりえし

海青 四畫 ちすみ　褁肚 真挨骨食 はちまつ　荷包 風造

鋪蓋

被 搖旗横頭 又 あもう　褥 伏系麻 ふすま

日本考　卷之四　十九

枕頭 麻骨頼 まくり　　卧单 許多葉横頭 ふすま

毡 毛毡 もうせ　　蓆 莫西羅 むしろ

帳 隔招 かゝや　　草薦 科木 こゝも

毡條網綿

段布

段 同音 どん　　綾 湿系 しつ

紗 木食 ゆち　　絹 同音容其 きぬ

綿布 木綿 もめ　　夏布 奴奴 ぬぬ

葛布 各布 かつふ　　蔴布 阿頼奴ヒ あさぬぬ

手帕同音　手巾天能我兮又達昂哥

黃絲吉乃一多　白絲失類一多

綿活多　線一多

顏色

顏色以緑　青客青

紅扶盖兮　紫客乃衣緑

緑阿和　皂夕

白失類　黑枯緑

黃吉衣又吉乃　赤增吾六一

藍阿三奇　あさき　葱白阿何陽奇　あをやき

五穀

稻他呆　たね　穀木米　もみ

大麥烏蒙奇　おゝむぎ　小麥柯蒙奇　こむぎ

荳買寀又磨米　め　粟阿米又細外　あわ

芝麻哦賣　ごま　蕎麥宿麥　そば

蘆穄大盡吉皮　たうきび　黍稷吉皮　きび

鶯粟結西　けし　莞豆陽寀買寀　山すめ

赤豆安自氣　あづき　綠豆阿回買寀　あをまめ

飲食

米 科寄 こめ　麵 同音 めん

飯 黄代又寄奈 おたい　粥 揩油 かゆ

茶 差又解素 ちゃ　酒 晒其 さけ

白酒 失類晒其又明東晒其 しろさけ　燒酒 同音又隔辣晒其 せうちう

老酒 福祿晒其 ふるさけ　渾酒 吟哦里晒其 にこりさけ

麵 稿食 かう志　糟 大里華私 かすいたし

米圓 彈蛾 たんご　糕 看挨米末之 かいもち

粽子 衣食買其 ちまき　蒸餅 科寄那末之 こめのもち

糍粑 依而科 寥那箇

饅頭 蠻壽

燒餅 約箕末之

餛飩 同音

饊子 素麵 豆腐 麵觔 俱同音

羹湯 妝魯

肉 息息

蛋 大蛋 大蠻蛾 又

蕎 依外 石

沙糖 過立 索刀

白糖 失顆 索刀

冰糖 過豆 索刀

蜂蜜 同音

醬 尽 蜜酥 烏里 又可買米糯

笋乾 升乾 又大 吉糯古

調和

油 安蒲落 あふら　塩 湿和 しお

醬 蜜酥 みそ　醋 次 す

花椒 山小 さんせう　胡椒 谷小 こせう

茴香 同音 おつせし　生薑 番食華米 はしかみ

酸 四華一 すつか　甜 阿華蛮 あまか

苦 尼哀号 にかつ　辣 華華辣 かすか

炊煮

蒸 和木私 むせる　煮 逆魯 にる

煎 荅二而 いつる　炒 一而 つる

滚答奇而　熟捷吉打

煑不熟和六尼也打　煑爛業白号

切食物法耀私　未熟捷箇

盛物索速户　柴答景其

數目

一許多子　二勿達子

三蜜子　四欲子

五意子仔　六木子又後子

七乃子　八亭子

九箇匕那子　十多和
十一壽一之又多七丢達子　五十我壽又大
百皦古　千仙又借二貫
萬慢　億和古

筭法

一一　二義
三三　四細
五我　六六古
七西之　八法之

九　姑　　十　壽

一两一之亐　　一錢一之末米

一分一之分　　一斤同音厘毫絲忽皆同

一層一之葉　　一張一之賣

一件許多失那　　一箇許多子

一次許多單里　　一着一之目古

一盤一之盤　　一斗同音

一石一之箇古　　一升同音

一尺一古沙　　一丈一之兆

一疋一単　其一半番用朋餘倣前數

器用

卓設孤臺　せ色たつ　椅右系　坤赤

凳各西客机　くせみ升　屏風飄步　尾ふ

床業臺臬獨過又　乇く　厨各乃又和失六　たえ

鍋乃便　子へ　缸或失落　ものみ乇

礶華家　加め　甕和単家　ものりるの

礶火羅骨　り与ろの　瓶同音　以乙

桶河潔　ものけ　水桶湯餓又家詞河潔　たて乙く

日本考　卷之四　廿四

琉璃同音 [illegible] 净桶骨宿河潔 [illegible]

夜壺新瓶 [illegible] 木槌索勝之七 [illegible]

鉄鎚窖勝子七 [illegible] 木磨血古胡索 [illegible]

石磨非計胡系 [illegible] 木桕氣搽地胡系 [illegible]

石桕依石搽地胡系 [illegible] 碓杵搽子而 [illegible]

吊桶子而鼻 [illegible] 篾盤篾俄 [illegible]

籮同音 [illegible] 袋福古羅 [illegible]

斛和馬私 [illegible] 斗同音 [illegible]

升法吝俄 [illegible] 等子法界里 [illegible]

天平 同音 てんびん　秤 平和法界里 はかり

算盤 所大盤 そろばん　箱 華多羅 はこ

籠 龍戸 ろう　小箱 法哥 はこ

車 過路馬 くるま　轎 酷西 こし

梯 華結法西 はし

内器

梳匣 麻骨賴白哥 くしばこ　鏡 抗挨迷 かがみ

鏡架 抗挨迷白哥 かがみだい　梳子 禿計骨西 とくし

掠頭 平骨西 ひくし　篦箕 掏骨西 すくし

刷牙　法明挨計

抿子　鼻南設計

粉匣　剛哥剛白

粉紫　唐之那

胭脂　便

肥皂　同音

扇　黃旗

泥金扇　空揩尼法古黃旗

泥銅扇　挨盞挨尼法古黃旗

機　奴奴法打

剪刀　法索密

尺　沙古

鍼　法利

鎖　紹哥利素

鑰　坑其

晒衣竿　木那伏西殘和

匠器

小斧乃打　ろ、　大斧要吉　よき

鐅糯米　のみ　推鏍子客乃骨　かんな

鋸子那哥其里　のこぎり　木斗增白揆乃　すみかね

農具

犁四季　すき　穲毛各　まのか

耖無　鋤頭括又骨挨　くハ

爬垻骨索華箕　くまで　劄鍬骨索多里　こまさらへ

船具

舩浮尼音福業　ふね　舵措池　かぢ

日本考　卷之四　廿六

櫓六　ろ　　篙寄曹　升さろ

槳下過　乃ゝ　　桅法西賴又勿拔施賴　わむすり

綜纜子乃　乃乙　　牽繩乃活　乙みり

風帆幅　同　　跳板福乃法西　ふるなす

杠逆奈　以子り　　簑衣迷那升　升の

箬帽挨迷革晒又搖婆俚　あ升みさ　　舩沉木深自　志さむ、

舩番客也路　と乃み　　舩重一阿而濕　おり入

舩輕客累　かみつ　　舩漏一油那一魯　仲の入

使舩發失而　はり子　　泊舩各各打　は、れく

馬具

轡頭酷子活　鞍子窟賴

鐙阿白迷　鞭子蒲止

後鞦西里挨繁　韁繩呑子乃

文器

文勿密　書木那那封

手本鉄封　票逆計

誥命吉也示　勘合看傲加

曆日果搖密　字華古

紙 華客 かみ　　厚紙 華客 阿子 [illegible]

薄紙 胡系 華客 ゝ[illegible]　　粗紙 能俄 華客 [illegible]

墨 四客 すみ　　筆 粉地 ふて

硯 四里 字 [illegible]　　印 銀盤 [illegible]

硯箱 四字里 白哥 [illegible]　　琴 谷多 こと

象棋 正其又 少其 [illegible]　　圍棋 俄 [illegible]

雙陸 新吾 六古 [illegible]　　骰子 賽移 [illegible]

骨牌 同音 [illegible]　　紙牌 無

畫葉 [illegible]　　佛經 交 [illegible]

武具

盔 華蒲多 かぶと

小刀 空客打乃 こかたな

甲 吾宿古 よろひ

腰刀 客打乃 かたな

大刀 和客打乃 わかたな

中刀 歪計柴需 わきざし

刀柄 子華 つか

刀箭 殺耶 さや

磨刀石 禿衣石 といし

鎗 耶里 やり

戈鎗 華豚耶里 ほこやり

弓 油米 ゆみ

弓絃 子箬又子兒 つる

箭 耶 や

箭袋 屋箔縮 うつぼ

劒 同音 て

弩 番鳩 おゆみ

手銃 或皮也又鉄失也 乙ろつ也

鳥銃 弾俄皮也 たくらし也

鋼叉 容里莫打 加里また

狼銑 一落也里 ろ屋至

發狼箕 酷尼治失 哭 ふらんきし

挨牌 一捷鉄一打那 たてのミく

旗 法打 はた

鉛弾 弾俄 たま

勾鐮 客馬 かま

棍 袍子藥 ほうし人

杖 部智 ふち

响器

鍾 紫氣揩也 しゆくゐ

鑿 同音

鑼 陀藥 とら

鼓 大一哥 たいこ

鈸鉄鈸西　鈴付鈴

雲鑼同音　鐺乜屋揩

笙血支利計　簫殺古法之

笛福業　喇叭箔落

鎖鐐無　琵琶皮華

三絃子三皮仙　九絃姑谷多

砲鉄朴　爆伏同音

火藥非骨宿里又骨宿里　海螺同音又開伊

香料

香 高

沉香 沉高

麝香 射高

松香 埋子高

檀香

丁香 照入

木香 木高

栢香 無

線香 仙高

合香 荅娘木高又阿外石高

香囊 高子子容

醫用

藥刀 骨宿里乞索容

藥箱 骨宿里白哥

二

藥碾 藥徒

藥包 骨宿里子米

藥礶 骨宿里礶

藥丸 買六藥

珍寶

寶 大蓋賴 たから　珠子 客一那他賣 かいのたま

水晶 碎硝 すいしやう　白硃 客一那失類他賣 かいしらたま

青玉 一失那他賣 いしのたま　白玉 失類他賣 しらたま

瑪瑙　珊瑚　琥珀　硨磲 俱同音

犀角 碎喬那子那 さいのつの　象牙 曹那法 ぞうのは

螺蛔 客乃那華那又逆失那華外 かのなはな　銀母 指尼那客類 ぎんのから

琉黄 依活戶 いわう　雄黄 同音 ゆうわう

水銀 密辞指尼 みづかね　銀硃 湿字木 しゆ

金 空指尼 こがね　銀 失類挨尼 しろかね

日本考　卷之四

銅鉄 挨盖牯六 あかゝね　鉛 南陌尼 なまり

青銅 大古小揩尼又若古同 十せり　紅銅 挨盖揩尼 あかゝね

白銅 失類挨盖揩尼 しろかね　黄銅 古中若 しんちう

鉄 括六揩尼 くろかね　生鉄 和六揩尼三 おろこか

銅錢 錢尼 せつ　熟鉄 復一揩尼打 ふるかね

鋼 法揩尼 むかね　金沿 古金法 こんるゑ

銀泊 失類揩尼 志ろ九るゑ　馬尾 鳥馬那何 馬ゝ渉の尾

元寶 本國雖無銀如鞋底而中國有也故云小馬揩尼 はまかつ

花木

紅花挨盖法乃あかいは　荷花法系那法はすのは

桂花木骨西きくせ人　牡丹白那丹ほたん

芍藥肖古李古しやく人　瑞香茉莉芙蓉紫荆同音

雞冠雞督食けいとうけ　菊花氣酷法乃那きくのはな

山茶容沓那法湿さゝんか　梅花烏容法乃那うめのは

桃花木木法乃那もものは　杏華頼木木からもゝ

李系木木すもゝ　竹大吉たけ

楊柳楊乃氣やなき　松埋止まつ

栢非那氣ひのき　杉孫乃那氣すきのき

日本考　卷之四　卅一

梧桐 同華温 華氣 [illegible]

蘇 四尾 すはう

楓 同氣 [illegible]

槐 同音又 仁華氣 [illegible]

菓子

梨 乃温 なし

栗 枯里 くり

棗 乃子 窑 なつめ

櫻桃 索古頼 烏米 さくらの

胡桃 枯六 米 くるみ

柿 華氣 かき

蒲萄 同音 ぶどう

楊梅 陽脉 木木 やまもゝ

橘 窑枏 みかん

橙 大大 だいゝ

菱 非細 ひし

甘蔗 紅其 さとう

鷄 法系那葉　　蓮子 法系那寐

圓眼 利眼　　荔枝 同音

榧子 華牙糯米　　白果 銀柰

松子 埋止那箇　　榛子 同音

地栗 乖　　石榴 若古六

菜蔬

菜 柰　　氐 烏里

茄子 乃私奶皮　　東氐　　西氐 同音

黄氐 吉烏里　　綵氐 駢頼烏里

葫蘆同音ふくへ　蘿蔔大空那

芋子伊木いも　茭白買科木まこも

山藥陽脉那依木やまのいも　笋大吉那古たけのこ

木耳眉眉乃白　蒜虛而ひる

葱許多木食ひともじ　韮你賴にら

薑番食革米はじかみ　紫菜鳥弥那里うみのり

苦菜華外那里　淡菜華盡那里

昆布同音こんぶ　海菜骨賴傑

荳芽和也湿　白菜失類伊賴

青菜阿和奈 [illegible]　波菜河蓮奈 [illegible]

芹菜乃辟奈 [illegible]　蕨菜骨字那法 [illegible]

蕨粉骨字 [illegible]　紫蘇即晒 [illegible]

五味子伏色 [illegible]

野草

香草高白失骨蹄 [illegible]　排草尼回骨里 [illegible]

稻草外落 [illegible]　甘草甘曹 [illegible]

萍草烏溪骨蹄 [illegible]　山草陽昧骨蹄 [illegible]

燈草禿十家 [illegible]　草根骨師那業 [illegible]

鳥獸類

牛胡水　狗意奴　猪豕豕　馬烏馬

雞抓泥援地泥環多禮　鵝解加　鼠眠助米　魚遊河

蟹措泥　蟲失辣水　羊羊其

人事類

要坡水水　不要依也　立達子

等待埋祖　眠羊達路烏將卒　拏來未低吉反俚未得哥巳

拏去未底於古　相擾括計括盆　亂說思量骨多莫話介反俚

看覔見迷路　不送何埋解邵賣　嬉挨挍蒲

坐移路阿将梭　病羊埋依子揖

罵寬彼計乃俚話鳶褪皮　鼾因彼計　詈鳥論羊埋水烏蛮爺計

睡容路　去漫陀羅獺俚旦多　在何故伊虜何耶路

不在論連持徠　來何耶俚吉人　便來羊佯地何耶俚慢陀的如

回來慢乜的耶俚　便去寃路　快來發下何耶俚法古

送與我面皮　愛惜搖落扛滿　怕倭踈路路

出去一一計　前行殺雞倭　行挨龍門

喜一啜水哱羅打步　說話未納愬打俚　怠慢難利骨多罵山奴

飲那慕　獨樂哥賣　羞愧番助山水水

喫 何賣利 安排 蘇路 不來 末旦盧賈失

走 法古 快去 法古計 打人 生亞達達个

借 胘路各夾 買賣 烏禮加 不喫了 禁哥

唱 嘔大 莫怪 哥禮面乃 多喫酒 何賢鼻旦

教 何水尢路 喫酒 麻雞黑殺 那里去 陀姑移姑

添 所有路路 行路 的烕盐磨 曉得 个火个俚打夫

賣 烏路無六 吽人 多奴 老實說話 買多益多

痛 一軻水 起身 倭緩達的 多多喫了 前行哥

遊 西孫步 還了 諧也數 不曉得 措賴路不夫打

殺其奴瞎咀郎請人多家那摧慢慢的買得買得

害夭　不賣加鳥魯買恁麽賣難烏禮在

肚饑熟大路水哭乃古　多少一故賴介

打胡子　有情乃亞姊吉　醉邀帶

無情亞乃水姊吉乃換皆賀　無工夫一孫擲水

恠固發賴旦多墅死身大　腫剌大

喚加右　笑歪罷　活吉打

買加利　輸利埋計打　傷寒雞骨

寫字加計

日本考　卷之四終　卅五

有挨路迷路　無乃　好高高的姚鎖盧
極好明哥多　不好由無乃　大計加小思姑奈何
小發蒒　少素古乃水　多快都河河水
遠多俟　近的个　瘦牙十大
短迷加　細相快大　朽骨蒒路
厚挨卒水　薄溫卒水　歪貨不高歪賴水
破羊鈸里里　不是係松田乃　要緊馬多合子
緩慢大慢大　無用設計　多有何何水
末慢大　香于牌水　臭骨蒒水

日本考卷之五

總督京營戎政少保兼太子太保臨淮侯李言恭
協理京營戎政都察院右都御史兼兵部右侍郎郝杰 考梓

文辭

東大寺大朝法齋大師裔然啓

傷鱗入夢不忘漢主之恩枯骨合歡猶亢魏氏之敵雖云羊僧之拙誰忍鴻霈之誠裔然誠惶誠恐稽首頓首死罪裔然附商舟之離岸期魏闕於生涯望落日而西行十萬里之波濤難盡

顧信風而東別數千里之山嶽易過妄以下根之卑適詣　中華之盛於是　宣旨頻降恣許荒外之跋涉宿心克協粗觀宇內之瓌奇況乎金闕曉後望堯雲於九禁之中巖扃晴前拜聖燈於五臺之上就三藏而稟學巡數寺而優游遂使蓮花迴文神華出於　北闕之北貝葉印字佛照傳于東海之東重蒙　宣恩忽趂來跡季夏解台州之纜孟秋達本國之郊緩速來春初到舊邑緇素欣待侯伯慕迎伏惟　皇極御

上惠溢四濵功髙五嶽世超黄軒之古人直金輪之新脩然空彝鳳凰之窟更還螻蟻之封在彼在斯只仰 皇德之盛越山越海敢忘 帝念之深縱粉百年之身何報一日之惠染筆拭淚伸紙搖魂不勝慕恩之至謹差上足弟子傳燈大法師位嘉因併大朝剃頭受戒僧祚乾等拜表以聞

永延二年歲次戊子二月八日實端拱元年也

戒嚴王思行成表

臣聞三王五帝立極禪宗惟中華而有主豈夷狄之無君乾坤浩蕩非一主之獨權宇宙洪寬作諸邦而分守蓋天下者乃天下之天下非一人之天下也臣居遠弱之倭偏小之國城池不滿六十封疆未足三千尚存知足之心故知足者常足也今

陛下作中華之主爲萬乘之君城池數千餘座封疆百萬餘里猶有不足之心常起絶滅之意天發殺機移星換宿地發殺機龍蛇起陸人發

殺機天地反覆堯舜有德四海來賓湯武施仁八方奉貢臣聞陛下有興戰之策小邦有禦敵之圖論文有孔孟道德之文章論武有孫吳韜略之兵法又聞陛下選股肱之將起竭力之兵來侵臣境水澤之地山海之洲是以水來土掩將至兵迎豈肯跪土而奉之乎順之未必其生逆之未必其死相逢於賀蘭山前聊以博戲有何懼哉倘若君勝臣輸且滿上國之心設若臣勝君輸反作小

邦之恥自古講和為上罷戰為強免生靈之塗炭救黎庶之艱辛年年進貢於上國歲歲稱臣為弱倭今遣使臣荅黑麻敬請丹墀臣誠惶誠恐稽首頓首謹具表以聞

詩賦

詠西湖

一株楊柳一株花原是唐朝賣酒家惟有吾邦風土異春深無處不桑麻

又

昔年曾見此湖圖不意人間有此湖今日打從湖上過画工猶自欠工夫

春日感懷

中原二月綺如塵異卉奇葩景物新可是吾天仁更濶小塘幽草亦成春

奉邉將

棄子抛妻入大唐將軍何事苦隄防關津橋上團圓月天地無私一樣光

荅風俗問

君問吾風俗吾風俗最淳衣冠唐制度禮樂漢君臣玉甕藏新酒金刀剖細鱗年年二三月桃李一般春

普福迷失樂清被獲感懷

來遊上國看中原細嚼青松咽冷泉慈母在堂年八十孤兒為客路三千心依北闕浮雲外身在西山返照邊處處朱門花柳巷不知何日是歸年

題春雪

昨夜東風勝非風釀成春雪滿長空梨花樹上白加白桃杏枝頭紅不紅鶯問幾時能出谷燕愁何日得泥融寒氷鎖却鞦韆架路阻行人去不通

萍

錦鱗密密不容鍼只為根兒做不深曾與白雲爭水面豈容明月下波心幾番浪打應難滅數陣風吹不復沉多少魚龍藏在底漁翁無處下鈎尋

保叔塔

保㭁緣何不保夫造成七級石浮屠縱然一泒

西湖水洗得清時也是汚

被張太守禁舟中嘆懐

老鶴徘徊日本東笑看宇宙作樊籠只因飛入

堯天濶恨在扁舟一葉中

遊育王

偶來覽勝鄮峯境山路行行雪作堆風攪空林

飢虎嘯雲埋老樹斷猿哀擡頭東塔又西塔移

步前臺更後臺正是如來真境界臈天香散一
枝梅

四友亭

四友亭名萬古香清香曾遞到遐方我来不見
庭中主松竹青青梅自黄

題花鳥画

嬌鳥奇花誰画成花無香氣鳥無聲任君舒捲
從君看花不凋零鳥不驚

鳩鷁争鳴

鳩一聲兮鵲一聲鳩聲啼雨鵲聲晴老天若也
難分判一半晴時一半陰

山歌

日春清水寺

和虛發而容也哥氣搖容辭鈌落外容辭南挨
路路尼乃路華兮谷多擬

釋音

和虛日發而春容也哥京氣搖清容辭
水鈌落寺南搖路路滴流乃路華响谷
多琴擬似外尼兮助語

切意　此日春京清水寺水流滴响似琴聲此
乃日春京有此一景故有此景也

夫婦妻接

一多温那秃那耶和一多温那秃那耶他賣里
油来各打推屋縉箔一単弾可尼

釋音　一多湿心肝秃那丈夫和一多温大心肝
他賣里遞来油来弓各打肩屋縉箔箭袋
一単弾可項在頭上那摇尼皆助語

切意　心肝丈夫大心肝丈夫遞弓来放在我

肩上箭袋頂在我頭上

月夜私情

壽五搖那紫氣華搖一搖一枯木里挨界紫氣索夜搖禿那俄索搖那

釋音　壽五十五搖那夜紫氣月華光搖一更枯木里雲遮挨界紫氣五更索夜搖暇禿那俄情人木蛇回索搖送那助語

切意　十五夜月明一更時上雲五更復光華好送有情人其意顛到若云一更雲掩

月情人好來没人知覺五更月明情人
好去此之意也
少女別郎
壽西之法之秃捏的發柰路路外坦蕩烏溪骨
䟽那容辭薄乃立搖那
釋音　壽西之法之十七八秃歲捏的發柰繞相
合路路外就離坦蕩流烏溪骨䟽萍草
容辭薄水乾乃立怎得搖那世第三句那字助
語

切意　十八九歲女娘相合就離流萍無水養

怎得久在世

青春嘆世

壽西之法之外勿達单皮所六格華里氣尼法

乃挨殺雞蘇路隅摇那

釋音　壽西之法之外十七八時勿单皮二次所六

格難箕華里氣枯木尼助語法乃格殘花

殺雞蘇路霎時易隅摇那又一世

切意　十七八時難箕二次好比枯木殘花霎

時又是一世　語雖顛倒意實切也

美女憶郎

摇那乃隔外紫氣尼木賴枯木法乃尼華熱和

慕尔外界里和慕外業蘇

釋音　摇那世乃隔中紫氣月尼助語木賴枯

木層雲法乃花尼助語華熱風和慕你

想你和外界里不来和慕外不想業蘇

倘来

切意　月被雲遮花遭風擺想着来不來不想

来偏来

雜唱小曲

紫氣宜梭法乃尼乞打路外道理華乃付魯那
來心可摇那

釋音　紫氣月宜梭明法乃花乞打路来道理
好中華乃付風魯雨那助語来正音心
可摇心誠那助語

切意　月華花茂趍好而来冲風冒雨心誠而
来曲意顛倒術此意也

又

黄俺和慕以外燥公乞立拔少十賫打少十賫

打少事

釋音　黄俺我和慕以外想你時候燥公草根

乞立拔鏈少十里賫打又鏈少十又生

切意　我想你時如草根鏈去又生又鏈又鏈

又生

又

窓岩那埋止陽脉索所頼乃窓外谷多摩洪窓

日本考　卷之五

多和賴外知摇和復魯理敵

釋音　窑岩嶺那助語埋止松陽脉山索所賴

波乃窑浪外谷多摩打不来洪窑多你

和里賴我外助語知摇和千年復魯理

敵到老　係顛倒之詞

切意　料然波與浪打不過松山嶺你與我千

年同到老

夜憶故交

過宿那箇摇兮外何多多兎捏打箇獨世那箇

摇兮外黄俺寄獨捏打南尼那只挨下老和多

摇里黄俺寄外、和一多温那

釋音　過宿那去年箇摇兮今夜外助語何多

多女名秃捏打睡箇獨世那今年箇摇

兮今夜黄俺我獨捏打自卧南尼那只

挨下老因何忘記和多捏里婦人睡夜

黄俺寄我身外睡語和一多温那大心肝

切意　去年今夜與和多多同睡今年今夜我

自睡因何忘記和多同睡自呼我身大

心肝

祝延聖壽

吉密外知搖慢世知搖慢世禿搖路可庇和以外兮謳打那挨里華荅那禿計搖客乃

釋音

吉密君主知搖千年慢世萬歲禿助語

搖路可庇恭喜和大以外兮妻謳打那

唱挨理華吝那有期禿計搖客乃時太平世

切意

君主千年萬歲千年萬歲恭喜大宴歌

唱有期太平時世

女嘆配遲

一多脉和枯里和白枯里外卸迭華活浮尼摇

那子那烏之華結的一子埋疊

釋音 一多脉和囬話枯里和白不明枯里外

卸迭没頭序華活河浮尼舡子乃棕纜

烏之拴華結的闊起一子埋疊何時離

切意 囬話不明白教人沒頭緒世似河舡棕

纜拴乾闊起何時離

琴法

琴樣

制琴亦用絲桐取音按古制宮商角徵羽五音分設五絃無文武二絃其燕足焦尾徽枕皆同中國手操之法迎撓勾剔跪指大略無異但譜曲之聲悉係本國鄉談俗語非正音也

琴譜

憶中華調

可溫意安那乃隔法乃兮可意那那乃隔國尼許多木那立空大拿搖乞而之木那氣搖兮義西一潔搖華

挚尼氣揺陽脉阿和密辞挨私歩饒士密路明
哥多兮箇箇路和慕兮木曹烏獮多委禿木路華揺
那渾着路逆封屋之
釋音
可意温安想那助語乃隔中法乃華尼助語
國尼國許多木那人物立空乃揺俊聡
乞耐之木那衣服氣揺兮齊懋義西一潔
西湖揺華挚兮好景氣揺陽脉青山阿
和密辞緑水密路觀明哥多好看兮助語
箇箇路心和慕兮思木曹可惜烏獮海

多委遠秃木那華搖那另世界渾着路在逊

封日本屋之内裡互用

切意　想中華兮想中國兮人物聰俊衣冠整

齊西湖好景青山緑水遊嬉多趣觀之

出奇可惜海遠另一世界不在我日本

國裡

又廻文詞

乃華氣搖那多多和那捏木里那窓乃窓索窓

乃窓那里木捏那和多那搖氣華乃

此譜倒順讀之字語意理相同故曰廻文

釋音　乃華氣摇長夜那助語多多和那八十捏
木里那困倦寤乃多寤索寤醒乃寤那
里浪上行木捏船和多那响摇氣華乃
好

切意　十人共舟夜長困倦浪裡舟行各皆醒
看

棊格　象棊

象棋彼國設名正棋呼音少棋以正字呼爲少者是也棊盤橫連河界九行直亦九行與中國象棋盤相似正用行而不行路也棋子兩營各有主将一營王将一營玉将各馬主其次序一金将次銀将次桂馬再次香車排定九行之邊左桂馬之前立一角行右桂馬之前立一飛車河界之次各立九步兵於九行內齊齊排定聽行側先舉步兵其角行飛車桂馬香車皆次序聽行其金将銀将皆附王玉将逐步徐行不令

參差步兵亦逐步序行止許進而不許退桂馬斜行如象棋之馬同式則不容退迈香車直行與象棋之車同式角行大行四角飛車直冲四踣玉王二将金銀将逐步斜行若斜紋之状亦許過河倘路不通可使退復假若兵馬過河除王玉金将不陞外其銀将過河界即陞金将桂馬香車步兵皆陞金将之名角行過河陞為龍馬飛車過河陞龍王棊子兩面有字若得戰過河界則翻所陞之面用之俱與金将一例行之

無分步兵香車桂馬也皆逐步斜進攻戰如兩營各輸子馬仍聽羸者放入盤內行用兌去子馬亦如之但彼各兵將既臨我營至犯主將之位倘我盤中無子將得彼子馬聽放下盤遮敵如盤中子少手中馬盡必無可防可抵始分勝負如兩營主將過河是爲和局

棋子造法

棋子造製上尖圓下平方乃天圓地方之象上薄下厚乃天清地濁之形棊勢將勝亦云將軍

之聲俱手執步兵雖已陞金将之名與主将相征止将之默行不敢揚稱将軍之聲亦不敢衝其将軍之鋒如兵卒得其功次雖叨其銜禄舉其力而不敢恃其威也

棋子步法

玉将王将例行共八步前三步後三步左一步右一步

金将例行共六步前三步後二步左一步右一步銀将例行共五步前三步後傍左右各一

步

角行例行斜角四步過河陞

龍馬再加前後左右共四步

飛車例行横直四步過河陞

龍王左右前後共加四步

桂馬斜行二步過河陞

金将行步與金将同

香車直行一步過河陞

金将行步與金将同

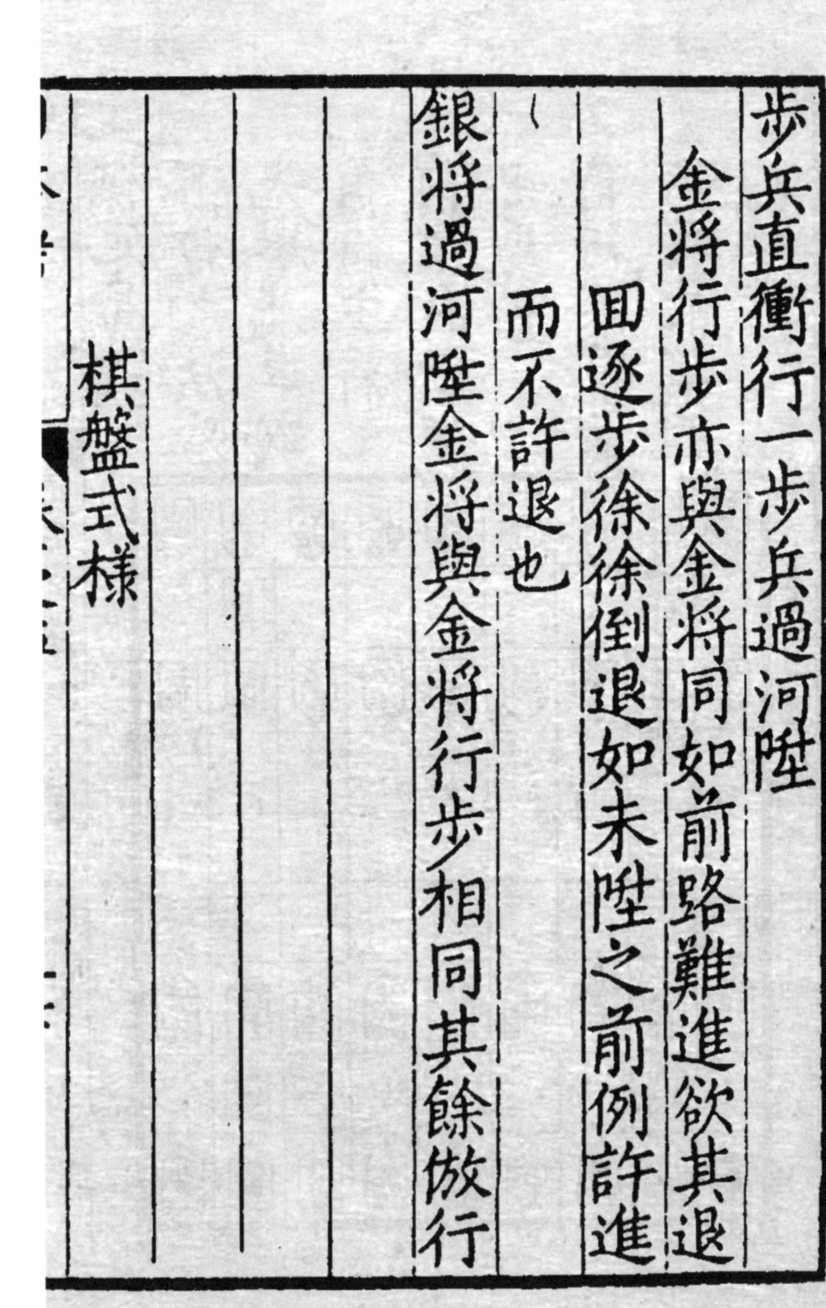

步兵直衝行一步兵過河陞

金将行步亦與金将同如前路難進欲其退

田逐步徐徐倒退如未陞之前例許進

而不許退也

銀将過河陞金将與金将行步相同其餘倣行

棋盤式樣

正棋定局式

下局之法必先舉飛車或角行主將之前步兵以便出馬也

角行飛車前步兵最緊要也

香車	桂馬	銀將	金將	王將	金將	銀將	桂馬	香車
	飛車						角行	
步兵	步兵	步兵	步兵	步兵	步兵	步兵	步兵	步兵
步兵	步兵	步兵	步兵	步兵	步兵	步兵	步兵	步兵
	角行						飛車	
香車	桂馬	銀將	金將	王將	金將	銀將	桂馬	香車

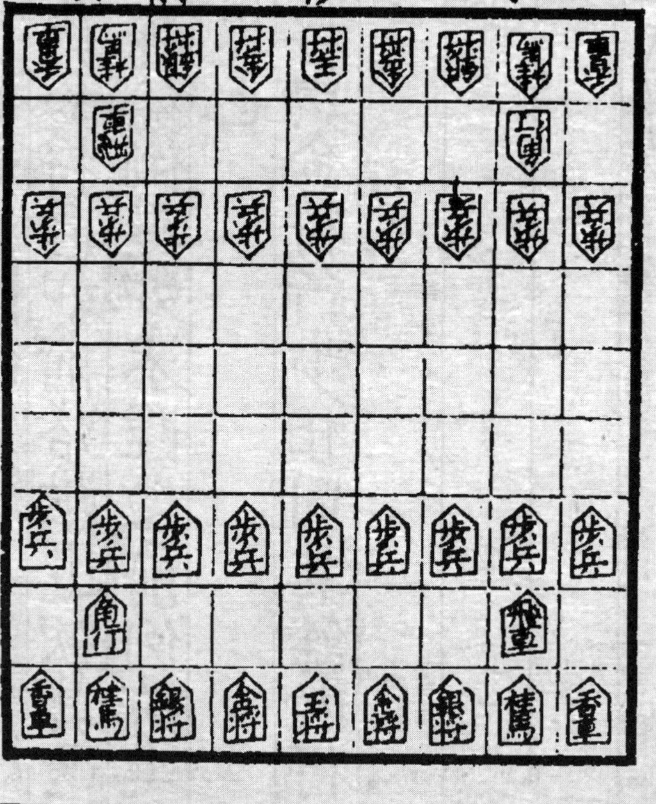

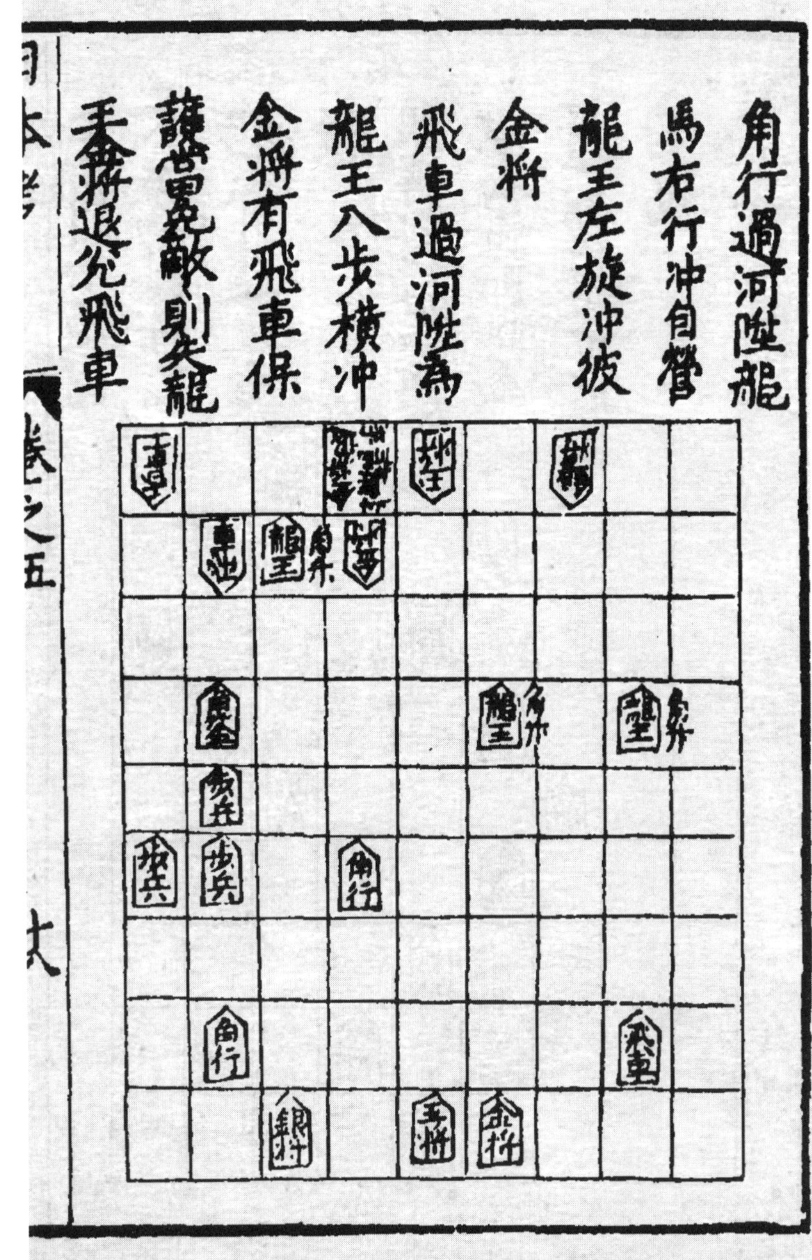

角行過河陞龍
馬右行冲自營
龍王左旋冲彼
金將
飛車過河陞為
龍王八步横冲
金將有飛車保
護當冕敵則失龍
王金將退兊飛車

日本考　卷之五　十六

金将斜歩過河
不陞與舊行之
如不可進許退
復
銀將斜行過河
陞金將即與金
将一例行之亦許
退覆

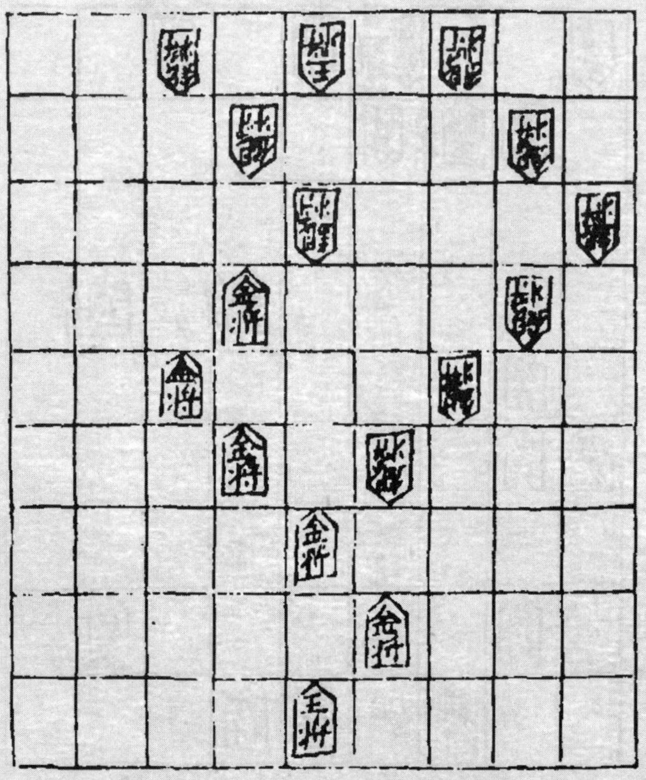

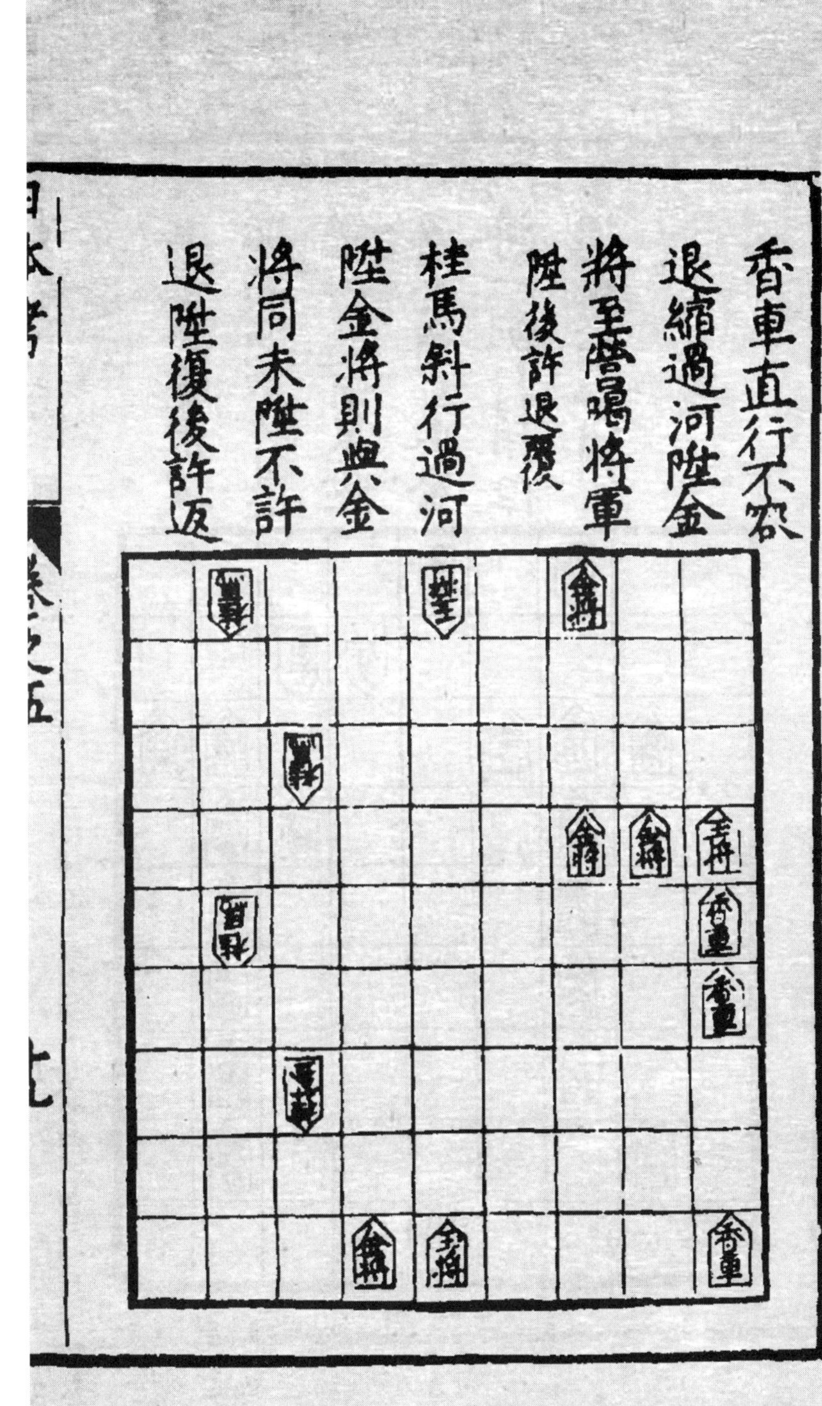

香車直行不容退縮過河陞金將至營喝將軍陞後許退覆後

桂馬斜行過河陞金將則與金將同未陞不許退陞復後許返

日本考　卷之五　七

步兵進式

其步兵遂步挨那而進不許退縮如過河界陞為金將即與金將一例行用但退復則不同

步兵陞金將容
退復式
凡步過河既陞
金將之後無可
追用許令逐步
徐〻倒退不容
橫、順、返矣

贏入兵馬後自加于盤内擊將軍故未陞用但彼亦有我馬填用則兇之再看如無填抵則假此而勝彼也兩難求和

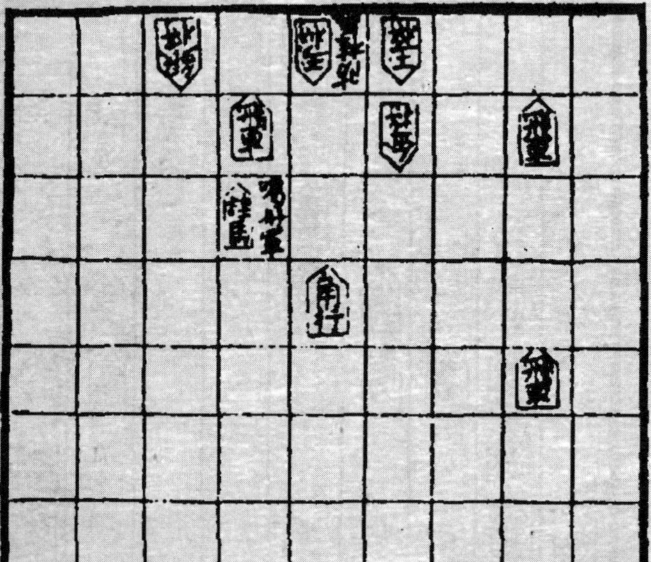

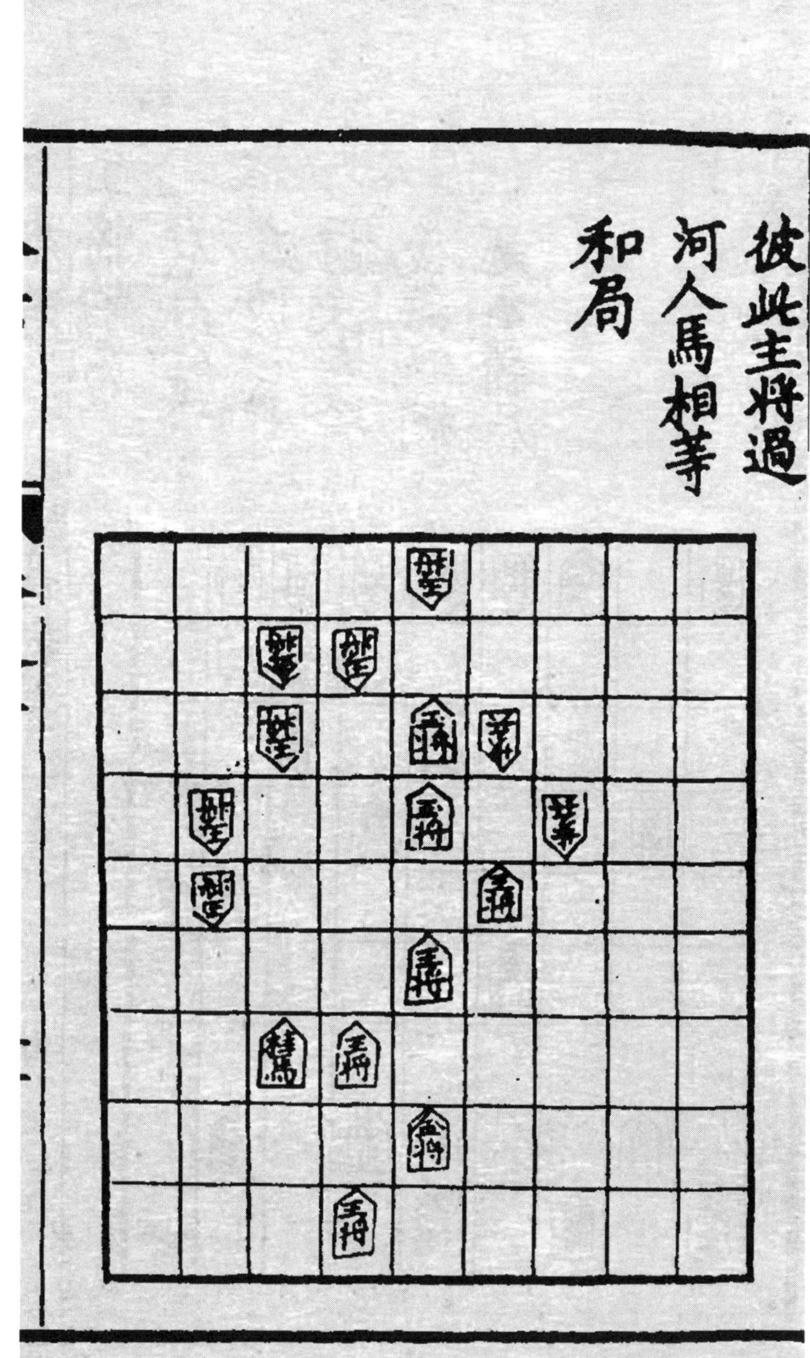

彼此主将過河人馬相等和局

玉將輸局
右有金將
左防桂馬
前沒去路
後無遮攔
是為輸局

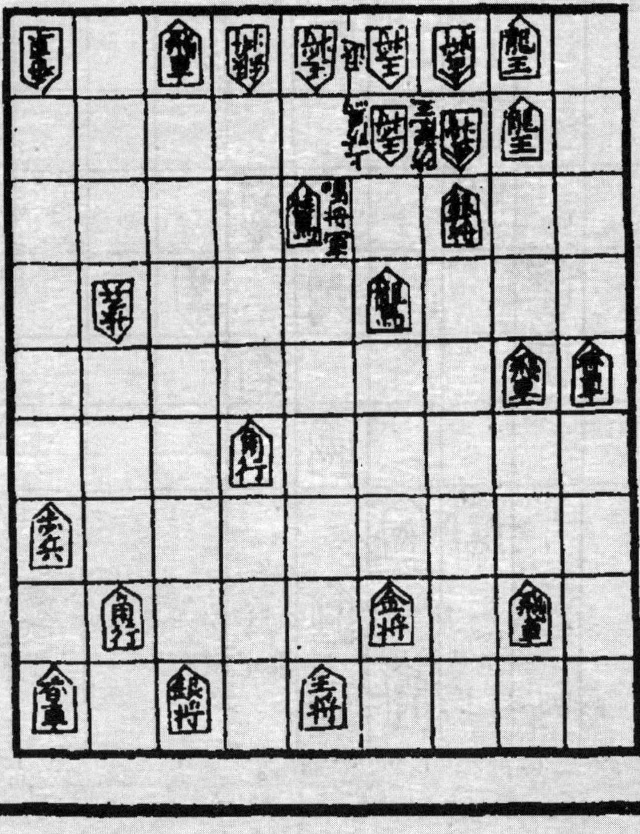

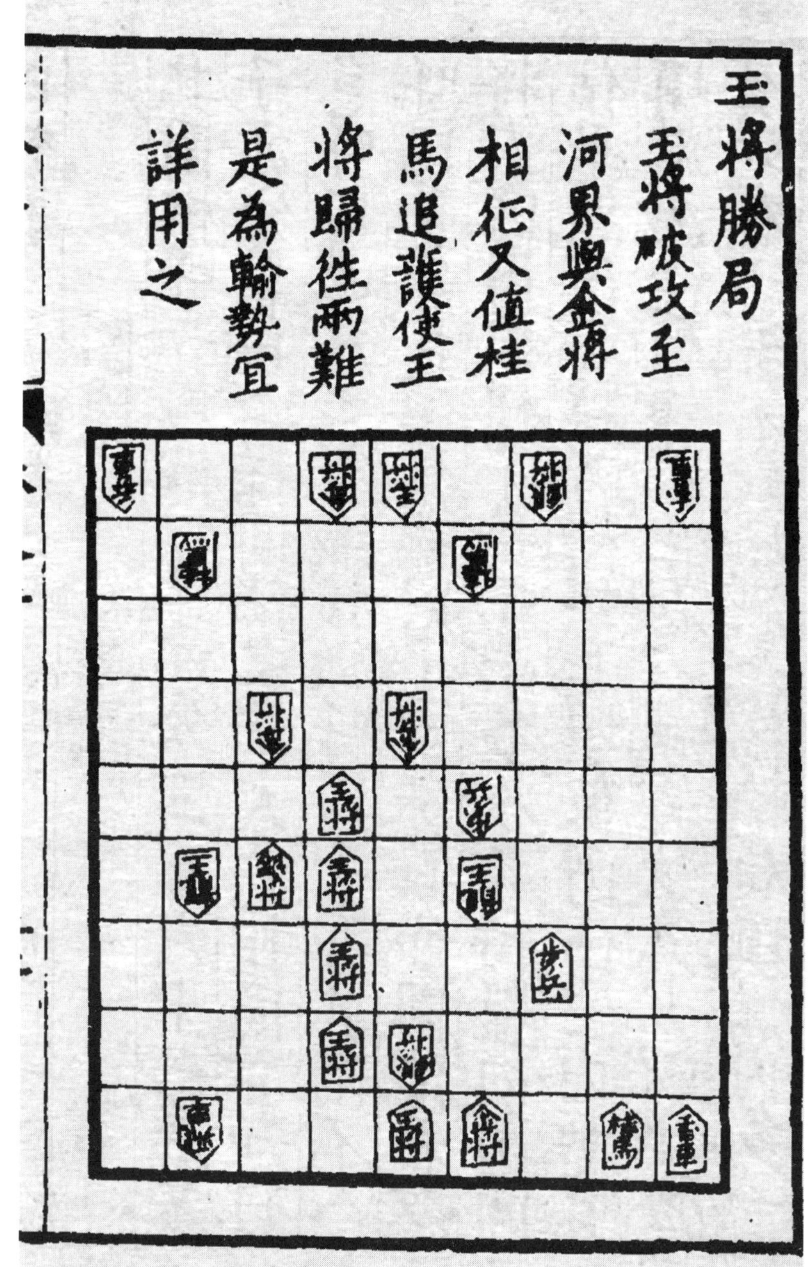

玉將勝局

玉將破攻至河界與金將相征又值桂馬追護使王將歸往兩難是為輸勢宜詳用之

圍棋

其圍棋呼音曰俄棋盤亦分三百六十一着棊子亦分黒白二様圍佔之法大意相同亦知打急呼曰過户之無識接斷呼曰子吾其兩不入呼曰了無是但負勝與中國殊假如圍佔着數将内所得彼棋子拾于手各收之待盤内兩圍佔畢然後各将所得棋子填彼所佔空内兩皆填滿為和局如填空着不滿筭數多少以分勝負如有一着不能填滿是為輸局填滿内多一

着是為贏局外和局呼曰是倭贏曰各打輸曰埋吉打

圍棊子非造成者乃本國沿海之傍而有生成石子儼如做成精緻名曰天生子出于養父山沿海之處白子出于大隅山海傍皆大隅州所屬之地

雙陸

雙陸呼曰新吾六古排馬之法各分三路一路各排五馬共一十五馬移馬之法亦照骰子點

數多少行之但骰子不用手擲置一小竹筒長四寸圓大寸餘將骰子放入筒內各手搖之倒出驗點數行馬以防手擲之弊骰子名曰賽移竹筒名曰大吉那子出口內呼曰七其勝負與中國同

正棋圍棋雙陸三者本國而有借譬正棋可比西番兵馬出行征討之狀圍棋可比大唐征戰之勢雙陸可比本國人馬之形雖乃本國俗戲之言相繼似不遠矣故附録也

征行所禁

孽外意子子　胡失外箇箇乃子　禿郎外多和　猻達子木　義奴木意子子　吝子乃里計里　米無子石外　木子多所毛私　四一外乃那　獨主多和乃賴白　烏馬沙魯法之尼

釋註

孽外子　意子子丑　胡失外丑　箇箇乃子九

禿郎外寅多和十　猻卯　達子木辰

沓子辰　義奴戌　意子子丑　乃里計里通用
米巳　血子石未木子六　多所毛私皆是
四一外亥乃那子七獨立酉　多和十
乃賴白助語烏馬午沙魯申　法之八

切意

其意以日辰征戰出行所忌方向也是日直子
所忌五方即從子上從丑順數至辰是五　即
卯子日忌辰方　辰乃正東傍南之地
總圖做開于後

子日休行辰地　辰係正東傍南

丑日莫犯酉方　酉係正西

寅日切怕逢亥　亥乃西北

卯日須忌未羊　未係正南傍西之方

辰日必防申上　申是西南

戌日不走寅埸　寅乃東北也

巳日忌行戌處　戌方乃正西傍北之也

未日索處子殃　子方正地在北彼國甚忌

亥日不宜巳巽　巳在東南

酉日偏忌午鄉　午正南方

午日自愁見丑　丑地在正北傍東

申日愁會卯傍　卯係正東

巳上係本國出征出行之切要謹録于後以衛不寧後之學者不可不留于心耶

纂法

子五丑九寅是十　卯辰連戌五是訣

酉十午甲八數真　巳未六數亥獨七

捷法

子忌辰方丑怕酉　寅怕亥方卯怕羊
辰防申上戌寅畏　巳又怕戌未子殃
亥日怕巳酉忌午　午愁見丑申卯詳
識破東夷真妙法　民安國泰靜邊疆

日本考卷之五終

跋

右日本考五卷。明李言恭郝杰同撰。言恭字惟寅。號秀巖。岐陽武靖王文忠之九世裔孫。以萬曆二年。襲封臨淮侯。杰字彥輔。蔚州人。言恭生而岐嶷。喜讀書。及長工詩。與王鳳洲李滄溟輩稱海內十才子。有貝葉齋青蓮閣二集行世。與胡應麟爲友。應麟少室山房集與之往還倡和甚繁。通於日本情事。應麟送之詩。有月支奉舊朔。日本祈新封之句。督京營戎政。時倭亂方劇。與右都御史杰。摭拾舊聞。同撰日本考。黃虞稷千頃堂書目。四庫全書地理類存目。均著錄其書。是書卷一爲日本國圖。倭國事略。卷二沿革疆域。卷三字書歌謠。卷四語音天文時令風俗。

卷五文辭詩歌游藝。條例詳明。刊於明萬曆間。每半葉九行。行十八字。四庫存目稱「此書記其山川地理。及世次土風。而於字書譯語。臚載尤詳。後倭陷朝鮮。封貢議起。杰以力爭不合。徙南京。而言恭子宗城。卒爲石星所荐。充正使往封。而倭情中變。易服逃歸。被劾論戍。蓋徒恃紙上空言。宜其不能悉知情僞。」然日本自奝然入貢吾國。人始知日本五畿七道之名。及所領州郡之數。惜未能辨其地望。如薛俊之日本考略。據傳聞以爲圖。方向莫明。是書之圖。殆亦稱是。惟是書所引文辭如戒嚴王思行成表。明史即據以入日本傳。所記日本史事。雖未如明史之詳審。而民物風俗語言文字。實可補明史之未備。明代於東南沿海邊防。隆慶以還。前有倭寇之紛擾。而後有朝鮮之亂。時當日本室町幕府時代。君臣宗室。互相屠殺。爲日本泯亂之秋。各島諸倭。薩摩浪民。歲常侵掠海濱。而吾國奸民。徐海汪直輩又往勾結之。卒釀倭寇之亂。禍及沿海諸省。兵連禍結。垂數十年。名將如戚繼光俞大猷等。僅而後能克之。是書稱「向之入寇者。薩摩肥後長門三州之人居多。其次則大隅筑前筑後博多。日向攝摩。津州紀伊種島。而豐前豐後和泉之人。亦間有之。乃因商于薩摩而附行者也」。其言極爲有據。自豐臣秀吉之寇朝鮮。雖經李如松之撻伐。亂甫削平。而東酋又起。是倭寇之亂。堪與明廷相終始。故明史日本傳云。「終明之世。通倭之禁甚嚴。閭巷小民。至指倭相罵。甚以嚇其小兒女。」當時士大夫於日本情事。亦憙研究。載於千頃堂書目者。有薛俊日本考略三卷。鄭若曾日本圖考二卷。侯繼曾日本風土記四卷。且薛俊鄭若曾二書。均著錄四庫存目。其他關於日本史事者。尚有鄭若曾籌海圖邊十三卷。宋應昌經略復國要編十四卷。然記日本民物風俗。語言文字。則無逾是書之詳者也。安陽謝國楨